FALANDO SÉRIO:
100 BRINCADEIRAS

Dalila Jucá

FALANDO SÉRIO:
100 BRINCADEIRAS

autêntica

Copyright © 2012 Dalila Jucá
Copyright © 2012 Autêntica Editora

PROJETO GRÁFICO DE CAPA E MIOLO
Diogo Droschi

EDITORAÇÃO ELETRÔNICA
Conrado Esteves

REVISÃO
Maria do Rosário Alves

EDITORA RESPONSÁVEL
Rejane Dias

Revisado conforme o Acordo Ortográfico da Língua Portuguesa de 1990, em vigor no Brasil desde janeiro de 2009.

Todos os direitos reservados pela Autêntica Editora. Nenhuma parte desta publicação poderá ser reproduzida, seja por meios mecânicos, eletrônicos, seja via cópia xerográfica, sem a autorização prévia da Editora.

AUTÊNTICA EDITORA LTDA.

Belo Horizonte
Rua Aimorés, 981, 8º andar . Funcionários
30140-071 . Belo Horizonte . MG
Tel.: (55 31) 3214 5700

São Paulo
Av. Paulista, 2.073, Conjunto Nacional, Horsa I
11º andar, Conj. 1101 . Cerqueira César
01311-940 . São Paulo . SP
Tel.: (55 11) 3034 4468

Televendas: 0800 283 13 22
www.autenticaeditora.com.br

Dados Internacionais de Catalogação na Publicação (CIP)
Câmara Brasileira do Livro, SP, Brasil

Jucá, Dalila
    Falando sério : 100 brincadeiras / Dalila Jucá. – Belo Horizonte : Autêntica Editora, 2012.

    Bibliografia
    ISBN 978-85-65381-47-5

    1. Brincadeiras 2. Educação de crianças 3. Jogos educativos I. Título. II. Série.

12-03199   CDD-371.337

Índices para catálogo sistemático:
    1. Brincadeiras e jogos : Educação infantil 371.337
    2. Jogos e brincadeiras : Educação infantil 371.337

BRINCADEIRA É COISA SÉRIA..........9

BRINCADEIRA PARA BRINCAR, BRINCADEIRA PARA APRENDER..........15

BRINCADEIRAS PARA ALUNOS DA EDUCAÇÃO INFANTIL..........19

1. Cauda do dragão..........19
2. Salve-se com um abraço..........19
3. Bola ao alto..........21
4. Corrida de jornal..........21
5. Dança das cadeiras..........22
6. Cadeiras cooperativas..........22
7. O feiticeiro e as estátuas..........24
8. Gato e rato..........24
9. Biscoitinho queimado..........25
10. Bexiga molhada..........25
11. O carteiro..........26
12. Colher corrente..........26
13. Corrida com água..........27
14. Boizinho..........27
15. Corrida do saco..........28
16. Encontro da bicharada..........29
17. Tesouro perdido..........30
18. Bastão ligeiro..........30
19. Tempestade..........31
20. Semáforo..........31
21. A queda do chapéu..........32
22. O salto do canguru..........33
23. Apanhador de batatas..........34
24. Mamãe, posso ir?..........35
25. Dança do balão..........37
26. Batatinha frita..........37
27. Esconde-esconde..........38
28. Carrinho de mão..........38
29. Terreno minado..........39

30. Patins engraçados........................39
31. Passarinho no ninho, cobra no buraco........40
32. Braços cruzados........................40
33. Baile da vassoura........................41
34. Corrida da bolinha........................41
35. Falsa amarelinha........................42
36. Teia de aranha........................43
37. Peteca........................45
38. Ladrão de melancias........................45
39. Acorda, senhor urso........................46
40. Subindo no poleiro........................46
41. Água e terra........................48
42. Gatinha parda........................48
43. Batata quente........................49
44. Carniça........................49
45. Chicotinho........................49
46. Formando grupos........................50
47. Peixinhos e tubarões........................50
48. Brincadeira de roda........................51
49. Bom barqueiro........................51
50. Agacha agacha........................52
51. Corrida dos sapatos........................52
52. Dança da laranja........................53
53. Cabo de guerra........................53
54. Corrida de três pés........................53
55. Morto-vivo........................54
56. Alvo surpresa........................55
57. Coelho na toca........................55
58. Corrida de um pé só........................56
59. Mímica........................56
60. Rola o rolo........................56
61. Atravessar o rio........................57
62. Dentro, fora!........................57
63. Corrida do livro........................58
64. Seguindo a linha........................58
65. Dona Joana........................60
66. Vestindo a camisa........................60
67. Seu lobo........................60

68. Cadê o grilo?......61
69. A casa do Zé......61
70. Maria-fumaça......62
71. Transporte de bolas......62
72. Boneco de pano......64
73. Fuga dos pássaros......64
74. Macaco Simão......64
75. Brincando com bastões......65
76. A sopa está pronta......66
77. Corrida da centopeia......67
78. Bola na parede......67
79. Enrosca e desenrosca......68
80. Dirigindo......68
81. Arco suspenso......69
82. Rabo do macaco......70
83. Pisa pilão......70
84. Pega-pega diferente......71
85. Amarelinha......71
86. Elástico......72
87. Escravos de Jó diferente......72
88. Laranja no pé......73
89. Olá, meu bichinho......73
90. Corrida ao contrário......74
91. Voa, não voa......74
92. O pulo do sapo......75
93. Imitando tartaruga......75
94. Olha o caçador!......76
95. Estoura balões......76
96. O mestre mandou......76
97. Corrida do barbante......77
98. Cabra-cega......77
99. Boliche maluco......78
100. Elefante colorido......78

REFERÊNCIAS......79

BRINCADEIRA É COISA SÉRIA

A infância, conforme expressam documentos oficiais que regem a educação infantil no país, é vista como um tempo de desenvolver todas as potencialidades afetivas, cognitivas e motoras, devendo ser atendida no que diz respeito aos cuidados essenciais associados à sobrevivência e ao desenvolvimento de sua identidade. Nessa perspectiva, a educação infantil não pode ser vista de forma isolada de outras etapas da educação, uma vez que ambas acontecem num mesmo espaço social.

De acordo com a Política de Educação Infantil do MEC, essa etapa da educação deve ser oferecida como complementação à ação da família e propiciar condições adequadas de desenvolvimento físico, emocional, cognitivo e social da criança, ampliando suas experiências e seus conhecimentos. A organização da rotina nas instituições de educação infantil deve levar em conta a faixa etária das crianças, o número de horas que elas permanecem na unidade, seu ritmo e interesse pelas atividades cotidianas, voltadas para o *educare*.[1] Vale lembrar que o desenvolvimento da criança depende fundamentalmente do clima da instituição, que deve ser afetivo, democrático, com cooperação entre os profissionais e respeito às necessidades das crianças.

A rotina diária das creches e pré-escolas precisa contemplar os diversos tipos de linguagem e, principalmente, as brincadeiras, que devem ser realizadas em diversos ambientes, internos e externos, ampliando a

---

[1] Expressão cunhada na África do Sul que significa cuidar e educar.

criatividade e a autonomia das crianças. É claro que grande parte dos educadores dedica algum tempo da rotina à realização de atividades lúdicas, mas isso não basta. É necessário saber por que a brincadeira é tão importante, permitir que ela aconteça e utilizá-la como recurso no processo de aprendizagem da criança.

No Brasil, a faixa etária das crianças atendidas em creches varia de zero a três anos. Assim, pode-se considerar que a maioria delas está vivenciando a aprendizagem motora elementar, isto é, encontra-se no estágio sensório-motor do desenvolvimento, segundo a teoria piagetiana. Piaget foi quem primeiro despertou para a importância da motricidade. Embora ele não estivesse estudando como a criança aprende com o movimento – seu objeto de estudo era a gênese do pensamento humano – para entender o desenvolvimento da inteligência, o biólogo suíço percebeu que, desde o nascimento, a criança já tem um tipo de inteligência, que é anterior à linguagem. Em outras palavras, existe uma inteligência motora, que é prática e a primeira que o ser humano desenvolve.

Para Piaget (1997), a criança tem uma bagagem genética (movimentos reflexos) e, a partir do contato com o ambiente, vai construindo um movimento intencional. Assim, até por volta dos dois anos de idade, mais ou menos, ela constrói essa inteligência sensório-motora, que pode ser definida como a capacidade de perceber a intencionalidade e a consequência dos gestos, recursos que ela tem para interagir com o meio. O autor afirma que a inteligência é um processo contínuo de equilibração, definido como um processo regulador interno de diferenciação e coordenação que tende sempre para uma melhor adaptação (KAMII, 1991, p. 30). É através dos mecanismos de assimilação e acomodação que a criança desenvolve sua inteligência prática ou sensório-motora. Nessa perspectiva, é fundamental que as crianças experimentem desafios, situações que gerem a necessidade de novas adaptações, o que implica uso de diferentes materiais, jogos e brincadeiras.

É comum pais e educadores comentarem que as crianças não param um minuto. Em casa ou na instituição de educação infantil, as crianças gesticulam sem parar, deitam-se, sentam, levantam, exploram o espaço e os objetos. O predomínio da inteligência motora nas crianças que frequentam creches, visto na teoria de Piaget, pode explicar a dificuldade que elas têm em permanecerem paradas.

Podemos recorrer ainda a Wallon (1979) para ratificar essa tese. Na obra *Psicologia e educação da infância*, o autor enumera os estágios de desenvolvimento da criança: impulsivo mental, entre zero e um ano de idade; sensório-motor e projetivo, entre um e três anos; estágio do personalismo, situado entre três e cinco anos; estágio categorial, entre seis e onze anos, e estágio da puberdade, iniciado a partir dos onze anos. Vale destacar que, na abordagem desse autor, o desenvolvimento sugere mais uma reestruturação do que uma evolução (como se vê na Epistemologia Genética de Piaget).

Durante o estágio sensório-motor e projetivo, a criança está voltada para a exploração do mundo e desenvolve habilidades motoras como a marcha e a preensão, que possibilitam uma maior autonomia. Para Wallon, a atividade motora possui duas funções importantes: a função tônica, que regula o tônus muscular e está relacionada ao controle e ajustamento da postura; e a função cinética, responsável pelo controle de estiramento e encurtamento das fibras musculares em coordenação com o sistema nervoso central, que produz o deslocamento do corpo ou de partes dele. Esse processo de coordenação e controle envolve o indivíduo como um todo e consome grande quantidade de energia, mesmo quando estamos parados. Assim, é possível dizer que o esforço feito para permanecer imóvel por muito tempo leva a uma situação de cansaço que pode se transformar em um obstáculo à aprendizagem, visto que a função postural dá sustentação à atividade cognitiva.

Wallon assegura que a aprendizagem não depende apenas do ensino de conteúdos. Para que ela ocorra são necessários também o afeto e o movimento. O filósofo inovou ao propor a visão do ser humano de modo integral e criticar o caráter utilitarista do ensino. Para ele, a brincadeira deve ser um fim em si mesma, possibilitando às crianças o despertar de capacidades, como a articulação com os colegas, sem preocupações didáticas.

Para Vygotsky (1984), não é possível ignorar que a criança satisfaz algumas necessidades por meio do brincar. O autor considera que a criança muito pequena está limitada em suas ações pela restrição situacional, visto que a percepção que ela tem de uma situação não está separada da atividade motivacional e motora. Ainda sobre a relação da brincadeira com o desenvolvimento, Vygotsky (1984) afirma que o comportamento da criança, nas situações do dia a dia, é, quanto a seus fundamentos, o oposto daquele apresentado nas situações de brincadeira. Nesse sentido, a atividade lúdica cria uma zona de desenvolvimento proximal[2] na criança, que nela age além do comportamento habitual de sua idade. A brincadeira fornece, pois, ampla estrutura básica para mudanças da necessidade e da consciência, criando um novo tipo de atitude em relação ao real.

Ao contrário do que diz o senso comum, segundo o qual o prazer é a característica definidora do brinquedo, Vygotsky afirma que o brinquedo preenche necessidades, entendendo-as como motivos que impelem a criança à ação. São exatamente essas necessidades que fazem a criança avançar em seu desenvolvimento. Defensor da interação como motor do desenvolvimento infantil, Vygotsky entende que os jogos, assim como os desenhos infantis, unem os gestos e a linguagem escrita (VYGOTSKY, 1984, p. 122).

Conforme se vê, há consenso entre os estudiosos acerca da importância da brincadeira no desenvolvimento infantil. Nessa perspectiva, as creches e pré-escolas devem reservar a maior parte do tempo de sua rotina às atividades lúdicas, notadamente àquelas que estimulem o desenvolvimento motor das crianças. Como o educador pode fazer isso? Quais as atividades que devem ser propostas? A professora Isabel Porto Filgueiras, doutora em Educação pela Universidade de São Paulo, em artigo publicado na *Revista Avisa Lá*, em 2002, dá algumas dicas preciosas, que resumiremos a seguir.

Para Filgueiras (2002), o desenvolvimento motor ocorre por dois processos: o aumento da diversidade e da complexidade. O aumento da

---

[2] Conceito de Vygotsky para a distância entre o nível de desenvolvimento atual – determinado através da solução de problemas pela criança, sem ajuda de alguém mais experiente – e o nível potencial de desenvolvimento – medido através da solução de problemas sob a orientação de adultos ou em colaboração com crianças mais experientes.

diversidade se dá pela possibilidade de a criança vivenciar um mesmo esquema de ação em diferentes contextos. O aumento da complexidade envolve aprendizagem de novos movimentos a partir daqueles que a criança já domina e diversifica. Assim, o trabalho das competências motoras na educação infantil deve estar voltado à diversificação dos movimentos fundamentais da locomoção – andar, correr, saltar, saltitar, deslizar, escalar; de manipulação – arremessar, receber, chutar, rebater, quicar, rolar; e de estabilização – equilíbrio estático (ficar num pé só); equilíbrio dinâmico (andar numa superfície estreita); e apoios invertidos (parada de cabeça, parada de mãos, estrela). Essas atividades devem ser contextualizadas em atividades de cultura lúdica infantil. Dito de outra forma, o aprendizado das competências motoras se dá a partir das brincadeiras.

Ainda acerca da importância do ato de brincar, Filgueiras (2002) assegura que o movimento contribui com as questões atitudinais, estimula a interação e a capacidade de resolver problemas. Para ela, as atividades coletivas e os jogos em grupo são situações que favorecem o diálogo e o respeito ao outro, visto que proporcionam momentos de prática e consciência das regras.

No que tange às intervenções que podem ser feitas no sentido de promover avanços nas aprendizagens ligadas ao movimento, a autora recomenda que os educadores encorajem as crianças a explorar suas potencialidades de movimento, em vez de fixar os "jeitos corretos", mas lembra que isso não significa se abster de dar informações às crianças sobre os caminhos para encontrar soluções, demonstrar movimentos que elas conhecem ou sugerir que observem como um colega resolveu os desafios propostos. Para se envolver nesse processo de ensino-aprendizagem, o educador precisa ter também uma possibilidade corporal, isto é, precisa resgatar o prazer do movimento em sua própria vida.

BRINCADEIRA PARA BRINCAR, BRINCADEIRA PARA APRENDER

É importante que o professor de educação infantil saiba distinguir brincadeira livre de brincadeira com intenções pedagógicas. Na primeira, o mais importante é o interesse da criança por ela, enquanto que, na segunda, o objetivo é a aprendizagem de conceitos e/ou habilidades motoras. Nesse tipo de brincadeira o educador deve atuar como mediador no processo de ensino-aprendizagem com um olhar atento às atividades, de forma que atendam às necessidades individuais e coletivas, de acordo com a faixa etária das crianças. A brincadeira como um fim em si mesma e a brincadeira como recurso didático-metodológico devem ter lugar privilegiado nas instituições de educação infantil, pois contribuem sobremaneira para o desenvolvimento integral das crianças.

Existem várias razões para brincar. É brincando que a criança desenvolve e exercita suas capacidades motoras (coordenação de movimentos, equilíbrio, ritmo), intelectuais (atenção, memória, raciocínio, percepção, pensamento abstrato, linguagem) e de relacionamento com os outros (aceitar, opor-se, expressar vontades, pedir, recusar, negociar, etc.). A brincadeira proporciona, ainda, que a criança descubra formas de expressão e de elaboração de suas emoções e sentimentos.

Um aspecto relevante na brincadeira é que nela sempre está presente a imaginação, o pensamento, mas nenhuma brincadeira acontece sem a ação motora. Isso significa que um gesto também pode sugerir ideias. Nos primeiros estágios do desenvolvimento infantil, a ação externa (motora) conduz à ação interna (mental). Em outras palavras, a ação mental ainda não é independente da ação motora, assim como a representação simbólica ainda não é independente dos objetos.

As atividades relacionadas ao movimento devem ser inseridas na rotina diária das crianças e realizadas de maneira planejada. Para tanto, algumas condições são essenciais, como espaços seguros, brinquedos em quantidade e variedade adequadas a cada faixa etária atendida, tempo suficiente para o desenvolvimento das atividades e educadores conscientes da importância desses momentos no desenvolvimento das crianças para não exercerem intervenções no sentido de controle e organização das brincadeiras, tirando delas a espontaneidade.

As crianças dependem cada vez mais da intervenção dos adultos para brincar. Basta observar as festas infantis e colônias de férias, onde meninos e meninas ficam dependentes das intervenções dos animadores ou monitores. Em ambientes coletivos, praticamente não se observa as crianças começando a brincar por iniciativa própria. Em casa, os brinquedos eletrônicos e jogos sofisticados deixam pouco espaço para a expansão da criatividade. Diante desse quadro, cresce a responsabilidade da escola, em geral, e das instituições de educação infantil, em particular, de ajudar as crianças a vivenciarem a ludicidade, enriquecendo seu repertório de brincadeiras.

Brincadeiras que envolvem movimento deviam ser as atividades mais comuns nas instituições de educação infantil, mas nem sempre isso acontece. O Referencial Curricular Nacional para a Educação Infantil alerta que "visando garantir uma atmosfera de ordem e de harmonia, algumas práticas educativas procuram simplesmente suprimir o movimento, impondo às crianças de diferentes idades rígidas restrições posturais" (BRASIL, 1998). Essa insistência da escola em imobilizar a criança numa cadeira limita a fluidez das emoções e do pensamento, tão necessária ao desenvolvimento da criança.

Em meu trabalho como coordenadora de um centro de educação infantil, ouço dos educadores duas queixas quanto à dificuldade na realização de brincadeiras com as crianças: a falta de materiais pedagógicos e o desconhecimento de atividades adequadas à faixa etária dos alunos atendidos. Em relação à primeira reclamação, recorro a Fortuna (2001) para discordar. Para a autora, o que traz ludicidade à sala de aula não são os brinquedos, mas o estímulo constante à espontaneidade e à criatividade, isto é, uma postura lúdica de educador e educandos. Quanto à segunda, há várias atividades adequadas às crianças de zero a seis anos. Basta lembrar as tradicionais brincadeiras de roda, as brincadeiras de faz de conta, os jogos de perseguição, os jogos cooperativos, etc.

É claro que crianças muito pequenas exigem do educador maior preocupação com a segurança durante as brincadeiras na creche ou pré-escola. Assim, é preciso avaliar se o espaço, os materiais e a própria brincadeira não representam perigo à integridade das crianças. Apresento a seguir sugestões de atividades lúdicas que podem ser realizadas nas instituições de educação infantil. As brincadeiras aqui relacionadas são resultado de pesquisa realizada em livros didáticos, sítios da internet e entrevistas com professores da educação infantil. Todas as atividades são ligadas ao aprendizado de habilidades motoras, adequadas à faixa etária das crianças que frequentam creches e pré-escolas e necessitam de pouco ou nenhum material pedagógico para sua execução. Faz de conta que você é criança e seu professor chamou para brincar. Divirta-se!

BRINCADEIRAS PARA ALUNOS DA EDUCAÇÃO INFANTIL·

1. CAUDA DO DRAGÃO

Objetivos
Desenvolver lateralidade, noção espacial, temporal e senso de coordenação.

Material
Nenhum.

Desenvolvimento
Participantes de pé, em uma fila indiana com as mãos na cintura um do outro, formando um "dragão". O primeiro integrante da fila, representando a cabeça do dragão, terá como objetivo pegar o último da fila, que representará a cauda. Ao sinal do educador, o "dragão" passará a se movimentar, correndo moderadamente, sob o comando da cabeça que tentará pegar a cauda. Esta, por sua vez, fará movimentos no sentido de evitar que isso aconteça. A brincadeira continuará enquanto durar o interesse das crianças.

2. SALVE-SE COM UM ABRAÇO

Objetivos
Desenvolver coordenação motora ampla, noção espacial, temporal, afetividade, cooperação e integração social.

Material
Bola ou bexiga.

Desenvolvimento
Participantes dispersos em uma área delimitada para o jogo. Um voluntário, de posse de uma bola ou bexiga, será designado "pegador" e, ao sinal do educador, irá perseguir os demais. O objetivo é encostar a bola ou bexiga no peito do perseguido, que passará a ser o novo "pegador". No entanto, os participantes podem se abraçar aos pares, encostando o peito um no outro, se salvando assim da perseguição.

Brincadeira *Salve-se com um abraço*

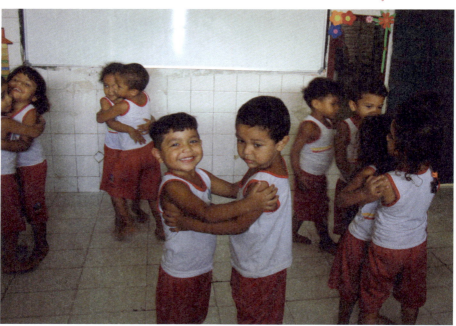

Brincadeira *Salve-se com um abraço*

3. BOLA AO ALTO

Objetivos
Desenvolver velocidade de reação, atenção, concentração, coordenação visomotora e agilidade.

Material
Bola.

Desenvolvimento
Todos os participantes sentados em formação circular serão designados por um número. O educador, de posse de uma bola, se posiciona no centro do círculo. Em dado momento, joga a bola para o alto, chama um número e se afasta. O participante chamado deverá levantar-se rapidamente e tentar aparar a bola antes que ela chegue ao solo. Todos devem ser chamados e não haverá vencedor.

4. CORRIDA DE JORNAL

Objetivos
Favorecer a coordenação motora geral, o ritmo e a socialização.

Material
Folhas de jornal em quantidade igual ao número de participantes.

Desenvolvimento
Participantes enfileirados lado a lado na linha lateral da área delimitada para a brincadeira. Cada participante receberá uma folha de jornal e a colocará estendida em contato com o seu corpo (tronco). Ao sinal do educador, todos afastarão os braços, não podendo tocar com as mãos no jornal, ao mesmo tempo que começarão a correr em direção à outra extremidade do espaço utilizado, ou a um ponto predeterminado. Com a resistência do ar criada pelo deslocamento, o jornal tenderá a ficar "colado" junto ao corpo, sendo este o objetivo da corrida. Vencerão aqueles que conseguirem correr sem deixar o jornal esvoaçar.

5. DANÇA DAS CADEIRAS

Objetivos

Desenvolver a coordenação motora ampla, a orientação espacial, a discriminação auditiva e a atenção.

Material

Cadeiras, aparelho de som e CD.

Desenvolvimento

Colocar, lado a lado, tantas cadeiras quantos forem os participantes, menos uma, formando duas colunas de cadeiras, uma de costas para a outra. Os participantes ficam enfileirados, em volta das cadeiras. O educador coloca uma música e todos andam ao redor das cadeiras e bem perto delas. De repente, o educador para a música, e cada participante deve sentar na cadeira mais próxima. Aquele que ficar em pé será eliminado. Retira-se uma cadeira a cada rodada e o jogo recomeça. Vence o participante que conseguir sentar até a última rodada, quando restar apenas uma cadeira.

6. CADEIRAS COOPERATIVAS

Objetivos

Desenvolver agilidade, noção espacial e temporal e senso de cooperação.

Material

Cadeiras, aparelho de som e CD.

Desenvolvimento

Dispõe-se em formação circular um número de cadeiras menor do que o número de participantes. Propõe-se um objetivo que é o inverso da "Dança das cadeiras" tradicional. Nesta brincadeira todos devem sentar sem excluir nenhum participante. Coloca-se música e os participantes dançam em volta das cadeiras. Ao parar a música, todos devem sentar nas cadeiras ou nos colos uns dos outros. Em seguida, uma cadeira é retirada. Ninguém sai do jogo e a dança continua. O jogo prossegue até quando o grupo desejar. Em geral, só termina quando todos sentam em uma única cadeira.

Brincadeira *Cadeira cooperativa*

Brincadeira *Cadeira cooperativa*

7. O FEITICEIRO E AS ESTÁTUAS

Objetivos
Favorecer a coordenação dinâmica, o controle dos movimentos, a agilidade, a velocidade de reação e noções espacial e temporal.

Material
Nenhum.

Desenvolvimento
Participantes de pé, dispersos em uma área delimitada para a brincadeira. Um voluntário será o "feiticeiro" que perseguirá os demais. Ao sinal do educador, inicia-se a perseguição, e aquele que for tocado ficará "enfeitiçado": imóvel com as pernas afastadas, representando uma "estátua". Os outros companheiros poderão passar por baixo das pernas das "estátuas", salvando-as do "feitiço". Depois de algum tempo, o "feiticeiro" deverá ser substituído. O jogo prosseguirá enquanto houver interesse do grupo.

8. GATO E RATO

Objetivos
Desenvolver a atenção, a velocidade, a agilidade e a cooperação.

Material
Nenhum.

Desenvolvimento
Os jogadores escolhem uma criança para ser o gato e a outra para ser o rato. Os demais participantes formam uma roda de mãos dadas, o rato fica do lado de dentro da roda, e o gato, do lado de fora. Ao sinal do educador, o gato tenta entrar na roda para pegar o rato. As crianças que formam a roda têm que evitar que o gato pegue o rato, movimentando-se o tempo todo (abrindo e fechando a roda quando necessário). Caso o gato consiga entrar, as crianças

da roda devem abrir para que o rato saia. Todo o movimento de proteção do rato deve ser feito sem que as crianças da roda soltem as mãos. O jogo termina quando o gato consegue pegar o rato. O educador pode mudar os papéis de acordo com o andamento da atividade.

9. BISCOITINHO QUEIMADO

Objetivos
Desenvolver a percepção sensorial e a cooperação.

Material
Um brinquedo.

Desenvolvimento
O educador esconde um brinquedo qualquer (o "biscoitinho queimado"), enquanto os participantes estão de olhos fechados. Depois grita: "Biscoitinho queimado!", e os outros têm que tentar encontrá-lo. Quando uma criança chega perto do "biscoitinho queimado", o educador grita seu nome e fala: "Está quente!". Se estiver longe, ele grita "Está frio!". Quem encontrar o brinquedo primeiro ganha.

10. BEXIGA MOLHADA

Objetivos
Desenvolver a atenção, a agilidade e a coordenação motora ampla.

Material
Bexiga com água.

Desenvolvimento
As crianças formam uma roda e vão jogando, de uma para a outra, uma bexiga cheia de água. Perde o jogo quem deixar a bexiga cair no chão ou deixá-la estourar na sua mão.

11. O CARTEIRO

Objetivos
Estimular a percepção auditiva, a atenção e a socialização.

Material
Nenhum.

Desenvolvimento
Participantes sentados em círculo. O educador inicia falando: "O carteiro mandou uma carta... (suspense) só pra quem está usando camiseta branca!". Todos que estiverem de camiseta branca trocam de lugar, mas não podem ir para o lugar ao lado. Quem não consegue trocar rapidamente de lugar, fica fora da brincadeira. A brincadeira prossegue com comandos variados: só pra quem estiver de cabelo solto, de cabelo preso, de anel, de relógio, de rosa, de azul... A brincadeira prossegue com a mudança do carteiro.

12. COLHER CORRENTE

Objetivos
Desenvolver a coordenação motora, a atenção, as noções espacial e temporal e a socialização.

Material
Colheres de sobremesa e caramelos.

Desenvolvimento
As crianças formam duas filas com número igual de pessoas. Elas ficam sentadas frente a frente, cada uma com uma colher de sobremesa. O primeiro da fila recebe na sua colher, presa com o cabo na boca, um caramelo, que deverá passar para a colher do vizinho. A brincadeira começa e, sob uma ordem dada pelo educador, cada um deverá passar o caramelo, com a colher na boca, para a colher do vizinho, sem ajuda das mãos, que devem ficar cruzadas nas costas. Toda vez que

o caramelo cair, a criança pode recolhê-lo com a mão e continuar a brincadeira. Ganha a fileira que primeiro conseguir passar o seu caramelo de colher para colher até o final.

13. CORRIDA COM ÁGUA

Objetivos
Desenvolver a coordenação motora dinâmica, a agilidade e a percepção visomotora.

Material
Dois baldes, dois pratos e duas garrafas.

Desenvolvimento
Os participantes se dividem em grupos. O educador coloca um balde cheio de água na frente de cada grupo e uma garrafa vazia a alguns metros da linha de partida. Depois, dá o sinal, e a primeira pessoa de cada equipe tem que encher o prato com água, correr para a garrafa, derramar a água dentro dela sem tocá-la e entregar o prato ao seguinte, que fará o mesmo. Vence a equipe que encher primeiro a garrafa.

14. BOIZINHO

Objetivos
Desenvolver as noções espacial e temporal e a interação social.

Material
Nenhum.

Desenvolvimento
As crianças formam uma roda, segurando com bastante força as mãos umas das outras. No meio da roda deve ficar uma das crianças, que vai ser o "boizinho". O "boizinho" deve pegar o braço das crianças da roda e ir perguntando: "De quem é essa mão?" A criança deve

responder falando o nome de uma fruta ou um objeto, tentando distrair os participantes. Depois de fazer a pergunta a todos, o "boizinho" deve tentar romper a roda em algum ponto e fugir. Quando foge, os outros devem tentar capturá-lo. Quem conseguir é o próximo "boizinho".

15. CORRIDA DO SACO

Objetivos
Desenvolver a coordenação motora dinâmica e as noções espaçotemporais.

Material
Sacos grandes e resistentes em número igual ao de participantes.

Desenvolvimento
Dois times se posicionam lado a lado, em filas indianas, atrás de uma linha de partida. Quando é dado um sinal, a primeira criança da fila entra no saco e faz um percurso pulando. O trajeto termina de volta à linha de partida, onde ela entrega o saco à segunda criança da fila, que deve completar o mesmo percurso e passar o saco à terceira, e assim por diante. Vence o time que terminar primeiro.

Brincadeira *Corrida do saco*

Brincadeiras para alunos da educação infantil 29

Brincadeira *Corrida do saco*

16. ENCONTRO DA BICHARADA

Objetivos
Favorecer a percepção auditiva, a socialização e as noções espaciais.

Material
Nenhum.

Desenvolvimento
Participantes agrupados em três ou quatro equipes de cinco componentes ou mais, conforme o número de crianças. Cada integrante receberá um nome de animal, de forma que haja um representante da mesma espécie em todas as equipes. Em seguida, as equipes se distanciarão umas das outras, deixando o centro livre, e todos os participantes fecharão os olhos ou serão vendados. Ao sinal do educador, todos os bichos, usando a linguagem característica de uma das espécies (miado, latido, mugido,

etc.), devem procurar seus pares com o intuito de se agruparem. Vencerá o jogo a equipe que primeiro conseguir alcançar esse objetivo.

17. TESOURO PERDIDO

Objetivos
Desenvolver as habilidades motoras, a atenção, a percepção visual e a interação.

Material
Saquinho com balas.

Desenvolvimento
Uma criança deve ser o pirata, que vai esconder o tesouro. O tesouro é um brinde (balas, por exemplo), colocado dentro de um saquinho. Depois que o pirata esconde o tesouro, ele diz: "Vamos ajudar o pirata trapalhão?". É a senha para que as outras crianças comecem a procurar. Elas têm cinco minutos para encontrá-lo. Se não conseguirem, o pirata dá algumas pistas de onde o escondeu. Quando o tesouro é encontrado, a criança que o achou deve escondê-lo novamente. A cada rodada, novos objetos podem ser colocados no saquinho. Quem acha o tesouro pode ficar com ele ou dividir com o pirata e os outros participantes.

18. BASTÃO LIGEIRO

Objetivos
Desenvolver a velocidade, a atenção, a coordenação visomotora e a agilidade.

Material
Bastões em quantidade igual ao número de participantes.

Desenvolvimento
Participantes posicionados de pé em formação circular, afastados aproximadamente um metro um do outro, com um bastão à frente do

corpo, apoiado no solo em posição vertical e, na extremidade de cima, por uma das mãos espalmada. Ao sinal do educador, cada participante afasta-se lateralmente para o mesmo lado (exemplo: todos para a direita), deixando seu bastão em equilíbrio por alguns segundos. Ao mesmo tempo, tenta segurar o bastão seguinte que foi deixado pelo outro companheiro, antes que caia ao solo. O jogo prossegue enquanto houver interesse do grupo.

19. TEMPESTADE

Objetivos
Desenvolver as noções de lateralidade, agilidade e percepção auditiva.

Material
Cadeiras.

Desenvolvimento
Participantes sentados em cadeiras dispostas em círculo. O educador se coloca no centro do círculo e diz: "Estamos todos num barco, em alto-mar, rumo desconhecido." Quando disser: "Olá, à direita", todos deverão mudar de lugar, sentando-se na cadeira do seu vizinho da direita. Quando disser: "Olá, à esquerda", todos se sentarão na cadeira do seu vizinho da esquerda. Depois de várias ordens, o educador exclamará: "Tempestade!". Nesse momento, todos deverão mudar de lugar, indistintamente, procurando ocupar uma cadeira qualquer. O educador deve aproveitar a confusão e sentar em uma das cadeiras, deixando um participante sem assento. Esse participante ficará no centro do círculo e continuará a brincadeira.

20. SEMÁFORO

Objetivos
Desenvolver as habilidades motoras, a percepção auditiva e a socialização.

Material
Aparelho de som e CD.

Desenvolvimento

Participantes em duplas, dançando ao som de música alegre. O educador, em dado momento, diz em voz alta: "O semáforo está verde!" e todos devem continuar dançando. Quando o educador disser: "O semáforo está vermelho!", todos devem parar de dançar. No momento em que o educador disser: "O semáforo está amarelo!", todos os participantes devem mudar de par. Quem se enganar na troca ou nas ordens deve ficar um tempo fora da brincadeira.

21. A QUEDA DO CHAPÉU

Objetivos

Favorecer a coordenação dinâmica, a atenção, a agilidade e a percepção auditiva.

Material

Um chapéu.

Desenvolvimento

Participantes organizados em círculo. Cada um recebe um número. O educador se coloca no centro do círculo, segurando um chapéu. Inicia a brincadeira atirando o chapéu para o alto e chamando um número. O participante chamado deve correr e pegar o chapéu antes que ele caia no chão. Se o chapéu cair no chão, o jogador sai da brincadeira e o educador continua no centro. Se o jogador conseguir pegar o chapéu, vai para o centro do círculo e continua a brincadeira.

Brincadeira *A queda do chapéu*

Brincadeiras para alunos da educação infantil | 33

Brincadeira *A queda do chapéu*

22. O SALTO DO CANGURU

Objetivos
Desenvolver as habilidades motoras, a agilidade, a noção espacial e o senso de cooperação.

Material
Uma bola.

Desenvolvimento
Crianças dispostas em duas filas, com igual número de participantes. Todos os jogadores formam um túnel com as pernas bem abertas. O participante que encabeça a fila de cada equipe, a um sinal do educador, lança a bola pelo "túnel" até alcançar o último jogador, que recolhe a bola, prende pelos joelhos e salta (como um canguru) até entregá-la ao segundo jogador da fila. Este lança a bola pelo "túnel" e a brincadeira prossegue. Será vencedora a equipe que terminar primeiro.

23. APANHADOR DE BATATAS

Objetivos
Desenvolver a coordenação motora, a agilidade e a percepção visual.

Material
Jornal e revistas, dois cestos de boca larga.

Desenvolvimento
Os participantes devem amassar várias folhas de jornal e revistas (serão as "batatas"). O educador deve distribuir as "batatas" em vários lugares. A um sinal do educador, os participantes, divididos em duas equipes, devem apanhar as "batatas" e colocá-las no cesto destinado ao seu grupo. Vence a equipe que apanhar o maior número de "batatas".

Brincadeira *Apanhador de batatas*

Brincadeiras para alunos da educação infantil | 35

Brincadeira *Apanhador de batatas*

24. MAMÃE, POSSO IR?

Objetivos
Desenvolver a praxia ampla e fina e adquirir noções de espaço.

Material
Nenhum.

Desenvolvimento
Participantes dispostos ao longo de uma linha traçada no chão. O educador fica destacado do grupo, colocando-se distante (será a "Mãe"). Inicia o jogo travando-se o seguinte diálogo:

TODOS: – Mamãe, posso ir?

MÃE: – Sim!

Brincadeira *Dança do balão*

Brincadeira *Dança do balão*

TODOS: – Quantos passos?

MÃE: – Dois para frente como sapinho; ou:

– Três para frente como formiguinha; ou:

– Um para trás como um gigante...

Quem errar a ordem dada volta à linha de partida. O jogo prossegue com a repetição do diálogo até que alguém alcance a Mãe.

25. DANÇA DO BALÃO

Objetivos
Desenvolver a coordenação de movimentos, estimular a interação e a cooperação.

Material
Balões resistentes (inflados), aparelho de som e CD.

Desenvolvimento
Os participantes formam duplas. Cada dupla é separada por um balão. A música começa, e as duplas deverão dançar sem que o balão caia ou estoure.

26. BATATINHA FRITA

Objetivos
Desenvolver a coordenação dinâmica e estática.

Material
Nenhum.

Desenvolvimento
O educador será "dono dos movimentos". Ele fica parado com os olhos fechados enquanto os participantes se movimentam livremente. O "dono dos movimentos" recita: "Batatinha frita, Frita na manteiga, 1,

2, 3, se mexer vai pro xadrez." No momento em ele terminar de recitar, todos os participantes "perdem os movimentos", devendo parar na posição em que se encontram. A partir daí, cabe ao "dono dos movimentos" caminhar entre os participantes, tentando de alguma forma fazer com que alguém se mexa (sem tocar neles). Caso isso aconteça, a pessoa que se mexeu vai para "o xadrez", saindo da brincadeira. Vence o jogo aquele que conseguir não se mexer.

27. ESCONDE-ESCONDE

Objetivos
Desenvolver a coordenação motora ampla, a percepção visual e a interação.

Material
Nenhum.

Desenvolvimento
Um dos participantes se esconde e os outros contam até 50. Depois, todos tentam encontrar quem se escondeu. O participante que encontrar o escondido se junta a ele. Quem achar os dois se esconde ali também, até que só reste uma pessoa. O último a achar os companheiros perde a brincadeira, paga uma prenda (ou mico) e é o primeiro a se esconder na próxima rodada.

28. CARRINHO DE MÃO

Objetivos
Desenvolver a coordenação motora ampla, a percepção de distância e o espírito de cooperação.

Material
Giz.

Desenvolvimento
Antes de iniciar a brincadeira, deve-se marcar com giz uma linha de saída e uma de chegada. Os participantes formarão dois grupos. O

participante que ficar na frente deve colocar as mãos no chão, o de trás irá segurar nos pés do primeiro de modo que forme um carrinho. O que estiver com a mão no chão juntamente com o que estiver lhe segurando deverá correr até a linha de chegada. Ganha o time que chegar primeiro.

29. TERRENO MINADO

Objetivos
Estimular a coordenação sensório-motora, a atenção, a disciplina e a estruturação espacial.

Material
Folhas de jornal ou giz.

Desenvolvimento
Colar folhas de jornal no chão da sala ou desenhar quadrados com o giz. As crianças, seguindo o educador, devem saltitar entre os quadrados. A um sinal do educador, todos devem parar. Os que estiverem pisando nos quadrados saem da brincadeira.

30. PATINS ENGRAÇADOS

Objetivos
Estimular a praxia ampla, a atenção e a estruturação espacial.

Material
Várias caixas de sapato sem a tampa, fita adesiva colorida.

Desenvolvimento
Crianças uma ao lado da outra na sala ou no pátio. Demarcar com a fita adesiva a saída e a chegada. Distribuir duas caixas de sapato para cada criança (serão os patins). Ao sinal do educador, as crianças deverão escorregar até a linha de chegada.

31. PASSARINHO NO NINHO, COBRA NO BURACO

Objetivos
Desenvolver a coordenação visomotora, a atenção e as noções de alto/baixo.

Material
Um objeto qualquer (brinquedo, por exemplo).

Desenvolvimento
O educador escolhe, junto com o grupo, um objeto para esconder. Combina a senha: "Passarinho no ninho", se o objeto for escondido em um lugar alto, em cima de alguma coisa; "Cobra no buraco", se o objeto for escondido em lugares baixos, no chão. Todos se afastam, e o objeto é escondido pelo educador. Dita a senha, as crianças partem em busca do objeto, sendo guiadas pelos sinais de "quente" ou "frio", conforme estejam perto ou longe de conseguir o objetivo. Quem encontrar primeiro o objeto será o vencedor.

32. BRAÇOS CRUZADOS

Objetivos
Desenvolver a coordenação motora dinâmica e estática e a percepção auditiva.

Material
Nenhum.

Desenvolvimento
Participantes em pé formando um círculo, distantes um do outro para facilitar os movimentos dos braços. O educador inicia a brincadeira dizendo: "Estender os braços para frente", e os jogadores devem cruzar os braços. Quando o educador disser: "Cruzar os braços", todos devem estender os braços para frente. No início da brincadeira as ordens devem ser dadas com mais vagar e, aos poucos, mais rapidamente. Quem se enganar três vezes sai do jogo.

33. BAILE DA VASSOURA

Objetivos
Desenvolver as habilidades motoras, a agilidade e a interação.

Material
Aparelho de som, CD e uma vassoura.

Desenvolvimento
O educador organiza dois subgrupos de participantes (dez meninos e nove meninas), que ficam sentados frente a frente. A um sinal do educador, a música começa a tocar e inicia-se o baile no centro da sala, deixando as cadeiras vazias. O menino que ficar sem par deve dançar com a vassoura. Durante a dança, o educador retira mais uma cadeira das meninas e uma dos meninos. Quando a música acabar, as meninas correm para as cadeiras. Quem ficar sem cadeira sai do jogo, bem como aquele que dançou com a vassoura. A brincadeira continua até sobrar somente um par e aquele que dançou com a vassoura, que serão aplaudidos pelo grupo.

34. CORRIDA DA BOLINHA

Objetivos
Estimular a coordenação sensório-motora, a atenção e a estruturação espacial.

Material
Duas raquetes e duas bolas de pingue-pongue.

Desenvolvimento
Duas equipes com número igual de participantes colocadas atrás de uma linha de partida, formando fila. Cada equipe terá uma raquete e uma bola de pingue-pongue. A um sinal do educador, o primeiro participante de cada fila movimenta a raquete, procurando empurrar

a bola até a linha de chegada. Assim que alcançar a linha de chegada, sem tocar a bola com a mão, levanta a bolinha e corre de volta, entregando a bola e a raquete para o segundo da fila, que recomeça o jogo, e assim sucessivamente até que todos tenham jogado. Vence a equipe que terminar primeiro.

35. FALSA AMARELINHA

Objetivos
Desenvolver a coordenação motora, o equilíbrio, a percepção de como o corpo se movimenta em determinado espaço.

Material
Cinco bambolês.

Desenvolvimento
Colocar os bambolês no chão como se fosse uma fila. Solicitar que os participantes pulem dentro de cada bambolê com os dois pés juntos ou com um pé só.

Brincadeira *Falsa amarelinha*

Brincadeiras para alunos da educação infantil

Brincadeira *Falsa amarelinha*

36. TEIA DE ARANHA

Objetivos
Desenvolver a coordenação visual e motora e o conhecimento do próprio corpo.

Material
Mesas e elástico largo.

Desenvolvimento
Espalhe pela sala ou pátio várias mesas com os pés virados para cima. Em seguida, amarre um elástico largo nas mesas, imitando uma teia. Solicite que as crianças passem por ela até chegar ao outro lado.

Brincadeira *Teia de aranha*

Brincadeira *Teia de aranha*

37. PETECA

Objetivos
Coordenar os pequenos músculos, adquirir noções de espaço e direção.

Material
Folhas de jornal e fita adesiva.

Desenvolvimento
Amassar folhas de jornal e confeccionar uma peteca para cada criança, fixando com fita adesiva. Sugerir que as crianças caminhem com a peteca em cima da cabeça, joguem a peteca para os colegas ou lancem em um cesto ou caixa.

38. LADRÃO DE MELANCIAS

Objetivos
Desenvolver a coordenação dinâmica e estática e favorecer a interação.

Material
Nenhum.

Desenvolvimento
Os participantes se dividem em dono da plantação, cachorro, ladrão e melancias. Aqueles que fazem as vezes de melancia ficam assentados espalhados pelo campo de jogo. O ladrão quer roubar as melancias da plantação. Ele pega as melancias (crianças), encostando a mão nas mesmas e sai correndo para guardá-las longe dali, mas o dono e o cachorro têm que tentar impedir o roubo (tocando a mão novamente na melancia roubada). As crianças que fazem o papel de melancias, ao serem tocadas pelo ladrão, saem correndo na direção da "toca do ladrão" (local previamente escolhido e demarcado pelas crianças). Uma vez lá, elas não podem mais ser recuperadas pelo dono ou pelo cachorro. Caso as melancias (crianças) em fuga sejam novamente tocadas pelo dono ou pelo cachorro, elas devem assentar-se aonde foram tocadas novamente,

voltando a ficar estáticas. O jogo termina quando o dono ou o cachorro alcançam o ladrão ou quando o ladrão rouba todas as melancias.

39. ACORDA, SENHOR URSO

Objetivos
Desenvolver a coordenação visual e motora e fazer a diferenciação entre depressa/devagar e silêncio/som.

Material
Nenhum.

Desenvolvimento
O educador (ou uma criança) será o urso (o pegador) e deve ficar deitada no meio da sala ou da quadra. Os outros participantes devem chegar bem perto do urso, quietinhos, contar até três e gritar: "Acorda, senhor Urso!". Em seguida, todos saem correndo. O urso levanta para tentar pegar quantos participantes conseguir. Só não pode pegar quem chegar ao outro lado da rua. Quem for pego vira pegador também.

40. SUBINDO NO POLEIRO

Objetivos
Desenvolver as habilidades motoras, a atenção, a percepção visual e auditiva.

Material
Mesas, cadeiras, caixotes, etc.

Desenvolvimento
Crianças à vontade, andando pela sala ou pátio (ao som de música baixa). Quando o educador disser "Galinha e galo no poleiro" ou "Todos no poleiro", as crianças deverão subir em qualquer lugar, não ficando com os pés em contato com o solo. A criança que não "subir no poleiro" sai provisoriamente da brincadeira.

Brincadeiras para alunos da educação infantil 47

Brincadeira *Subindo no puleiro*

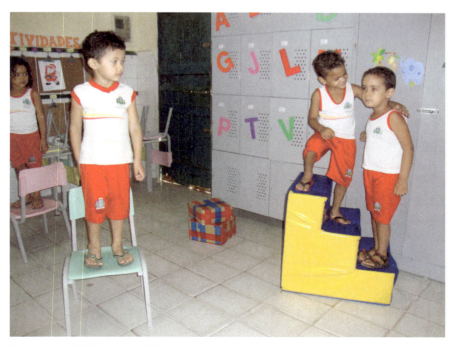

Brincadeira *Subindo no puleiro*

41. ÁGUA E TERRA

Objetivos
Desenvolver o equilíbrio dinâmico e estático, a percepção auditiva e a orientação espacial.

Material
Nenhum.

Desenvolvimento
Antes de começar a brincadeira, demarcam-se dois lados do espaço: um lado corresponde à terra e, o outro, à água. Todos ficam parados enquanto o educador conta uma história que fale de água e terra. Sempre que ele disser "terra", todos têm que pular para o lado direito, por exemplo. Quando disser "água", todos pulam para o esquerdo. Quem pular para o lado errado sai provisoriamente da brincadeira.

42. GATINHA PARDA

Objetivos
Desenvolver a coordenação motora ampla, a percepção auditiva e a socialização.

Material
Uma venda e uma varinha.

Desenvolvimento
Crianças formam uma roda. Um participante fica no centro, com os olhos vendados e uma varinha na mão. As crianças começam a girar na roda e a cantar: "Ah! minha gatinha parda, que em janeiro fugiu! Quem roubou minha gatinha? Você sabe, você sabe, você viu?". Todos se calam. Quem está no centro da roda toca em alguém com a varinha. O participante que foi tocado deve miar como um gato. Quem tocou tenta descobrir quem é. Se descobrir, diz o nome, e quem miou vai para o centro, recomeçar a brincadeira. Se não acertar, continua no centro e recomeça a brincadeira até adivinhar quem é.

43. BATATA QUENTE

Objetivos
Desenvolver a coordenação motora, a atenção e a agilidade.

Material
Um objeto pequeno (uma bolinha, por exemplo).

Desenvolvimento
Todos em roda, sentados no chão, com um objeto passando de mão em mão e cantando "Batata que passa quente, batata que já passou, quem ficar com a batata, coitadinho, se queimou!". Quando a música terminar, quem estiver com o objeto na mão sai da roda.

44. CARNIÇA

Objetivos
Desenvolver a praxia ampla, o equilíbrio e a atenção.

Material
Nenhum.

Desenvolvimento
Faz-se uma fila de crianças que deverão estar curvadas com as mãos apoiadas na coxa. Uma criança começa pulando sobre todos. Quando pular a última carniça, o pulador para adiante esperando que os seguintes pulem sobre ele.

45. CHICOTINHO

Objetivos
Favorecer o controle dos movimentos, a agilidade, a velocidade de reação e as noções espacial e temporal.

Material
Uma corda.

Desenvolvimento

Faz-se uma fila de crianças. Outra criança deverá segurar a corda com as duas pontas na mão e começar a girá-la no chão. As crianças da fila começam a pular uma por uma. Sai da brincadeira quem pisar na corda.

46. FORMANDO GRUPOS

Objetivos

Desenvolver a praxia ampla, a percepção auditiva, a atenção e o raciocínio lógico-matemático.

Material

Cartões com números.

Desenvolvimento

As crianças devem ficar em roda girando e cantando. O educador bate palmas ou apita e mostra um cartão que deverá ter um número. Se o número for o 4, por exemplo, as crianças saem da roda e formam grupos de quatro e depois voltam para a roda. Continua a brincadeira até não poderem formar mais grupos. Quem ficar de fora sai da brincadeira.

47. PEIXINHOS E TUBARÕES

Objetivos

Favorecer o equilíbrio dinâmico, a atenção e a interação.

Material

Aparelho de som, CD.

Desenvolvimento

Crianças separadas em dois grupos: os peixinhos e os tubarões. No momento em que tocar uma música baixinha, os peixinhos saem para passear. Quando tocar uma música alta, os tubarões saem para tentar pegar os peixinhos, que deverão voltar correndo. O peixinho que for pego vira tubarão.

48. BRINCADEIRA DE RODA

Objetivos
Desenvolver as noções de ritmo individual e coletivo e favorecer a socialização.

Material
Nenhum.

Desenvolvimento
Crianças formam uma roda. Devem ser cantadas várias canções antigas fazendo suas representações. Sugestões: "Atirei o pau no gato", "Ciranda-cirandinha", "A linda rosa juvenil", "A canoa virou", "Eu entrei na roda", "O meu chapéu tem três pontas", "Pai Francisco", "Pirulito que bate bate", "Samba lelê", "Se esta rua fosse minha", etc.

49. BOM BARQUEIRO

Objetivos
Favorecer a socialização e desenvolver a estruturação espacial.

Material
Nenhum.

Desenvolvimento
Dois participantes levantam e unem as mãos, formando uma "ponte". Sem que o restante da turma saiba, eles decidem quem será pera ou maçã. Os demais fazem uma fila que passará por debaixo da ponte. A dupla que é a ponte canta: "Passarás, passarás! Mas algum há de ficar. Se não for o da frente, tem que ser o de trás." Quando a música acaba, a dupla prende nos braços quem está passando e pergunta baixinho,

sem que os outros ouçam: " – Você quer pera ou maçã?". O participante escolhe e vai para trás de quem representa a fruta que ele escolheu. No final, ganha o participante que tiver mais gente atrás, ou seja, a fruta mais escolhida.

50. AGACHA AGACHA

Objetivos
Coordenar os grandes músculos e favorecer a socialização.

Material
Nenhum.

Desenvolvimento
Um participante é eleito o pegador. Para não serem apanhados, os demais fogem e se agacham. Quando o pegador consegue tocar um colega que está em pé, passa sua função a ele. Não há um vencedor. A brincadeira acaba quando as crianças se cansam.

51. CORRIDA DOS SAPATOS

Objetivos
Desenvolver a motricidade fina, a atenção e a agilidade.

Material
Caixa com os sapatos das crianças.

Desenvolvimento
O educador pede que todos fiquem em círculo, descalcem os sapatos e coloquem dentro de uma caixa, que deve ficar distante do grupo. Ao sinal do educador, todos correm e procuram seus sapatos, calçando-os, em seguida, o mais rápido possível. Será vencedor o que conseguir calçar primeiro seu par de sapatos.

52. DANÇA DA LARANJA

Objetivos
Desenvolver o equilíbrio dinâmico e estático e a socialização.

Material
Laranjas em quantidade correspondente à metade do número de participantes, aparelho de som e CD.

Desenvolvimento
Formam-se os pares para a dança. Coloca-se uma laranja apoiada entre as testas dos dois integrantes de cada par. Ao começar a música, os pares devem dançar procurando ao mesmo tempo evitar que a laranja caia. É proibido usar as mãos para manter o equilíbrio. Se a laranja cair no chão, a dupla é desclassificada. A música deve prosseguir até que só reste um par com a laranja.

53. CABO DE GUERRA

Objetivos
Propiciar a coordenação motora ampla, o equilíbrio e a agilidade.

Material
Uma corda.

Desenvolvimento
Participantes divididos em grupos, uns atrás dos outros, segurando cada lado metade de uma corda dividida igualmente entre ambos. A um sinal do educador, começam a puxar a corda. Ganha o grupo que conquistar a maior parte da corda.

54. CORRIDA DE TRÊS PÉS

Objetivos
Favorecer o equilíbrio dinâmico e o espírito de cooperação.

Material

Cordinhas em quantidade correspondente à metade dos participantes.

Desenvolvimento

Cada participante deve amarrar a sua perna direita à perna esquerda de seu parceiro. Ambos terão que correr assim até a linha de chegada.

Brincadeira *Corrida de três pés*

55. MORTO-VIVO

Objetivos

Desenvolver os reflexos rápidos, a percepção auditiva e a praxia ampla.

Material

Nenhum.

Desenvolvimento

Crianças livres pelo espaço. Cada vez que o educador falar "Morto!", elas devem se agachar. Quando falar "Vivo!", devem se levantar. O educador deve ir falando cada vez mais rápido para que as crianças se confundam. Quem errar sai da brincadeira, até que fique apenas o vencedor.

56. ALVO SURPRESA

Objetivos
Desenvolver a coordenação motora, a agilidade, a atenção e a integração.

Material
Uma bola.

Desenvolvimento
O educador forma um círculo. Entrega a bola a um participante, que deve arremessá-la com rapidez em qualquer direção. Os outros participantes devem ficar atentos para não serem pegos de surpresa, pois quem não pegar a bola pagará uma prenda e ficará temporariamente fora da brincadeira.

57. COELHO NA TOCA

Objetivos
Trabalhar o movimento e a expressão corporal, promover momentos de vivência lúdica e socialização.

Material
Giz e apito.

Desenvolvimento
Desenhe com giz círculos em número correspondente à quantidade de alunos menos um. Serão as tocas onde os "coelhinhos" irão entrar quando ouvirem o apito do educador. O objetivo é fugir do lobo, que será representado por um dos participantes. A criança que for pega passará a ser o lobo. A brincadeira termina quando todos experimentaram os dois papéis.

58. CORRIDA DE UM PÉ SÓ

Objetivos
Desenvolver a coordenação motora ampla e o equilíbrio.

Material
Nenhum.

Desenvolvimento
O educador deverá traçar duas retas paralelas: uma será a largada, e a outra, a chegada. Os participantes deverão ficar atrás da reta de largada. A um sinal do educador, correm até a reta de chegada pulando com um pé só (como um saci). Ganhará a criança que ultrapassar a reta de chegada primeiro.

59. MÍMICA

Objetivos
Desenvolver a criatividade, a percepção da realidade e a coordenação motora.

Material
Nenhum.

Desenvolvimento
Crianças livres no espaço. O educador deve solicitar que as crianças façam imitações de diversos objetos em movimento: carro, trem, avião, bola, barco. O educador também deve fazer diferentes imitações para que as crianças adivinhem o que ele está representando.

60. ROLA O ROLO

Objetivos
Desenvolver a coordenação motora e as noções de equilíbrio, deslocamento, ritmo e atenção.

Material

Rolos de papelão resistente (um para cada criança).

Desenvolvimento

Entregue um rolo a cada criança e solicite que ela deslize com os pés sobre ele de um ponto a outro da sala. O educador pode demarcar a chegada e a saída com fita adesiva colorida.

61. ATRAVESSAR O RIO

Objetivos

Desenvolver a praxia ampla.

Material

Duas cordas de aproximadamente três metros cada.

Desenvolvimento

Colocar as cordas paralelas no chão, quase juntas. Contar uma pequena história de uma criança que quer atravessar o "rio", mas ele é fundo. Então, ela tem que pular por cima e convidar as outras crianças para também "atravessar o rio". Aos poucos, o educador deve afastar as cordas para aumentar a largura do rio.

62. DENTRO, FORA!

Objetivos

Desenvolver as habilidades de autodomínio, rapidez de reação e automatização de movimentos.

Material

Giz.

Desenvolvimento

Traça-se no chão um círculo bem grande, dispondo as crianças ao redor dele. O educador fala "Dentro!" ou "Fora!", e todas as crianças devem obedecer ao comando, pulando com os dois pés juntos. De vez em quando, o educador repete duas ou três vezes a mesma ordem. As crianças que erram saem provisoriamente da brincadeira.

63. CORRIDA DO LIVRO

Objetivos
Desenvolver a coordenação motora ampla, o equilíbrio e a orientação espacial.

Material
Giz e livros.

Desenvolvimento
Marcar com giz as linhas de partida e de chegada. As crianças devem ficar atrás da linha de partida, uma ao lado da outra, com um livro em cima da cabeça. Ao sinal do educador, as crianças devem caminhar rapidamente sem deixar o livro cair. Vence quem chegar primeiro, sem derrubar o livro.

64. SEGUINDO A LINHA

Objetivos
Desenvolver a coordenação motora ampla, a orientação espacial e a discriminação visual.

Material
Fita adesiva colorida.

Desenvolvimento
Fixar no chão da sala ou do pátio pedaços de fita adesiva colorida em linha reta ou formando figuras geométricas (quadrado, triângulo, retângulo). Solicitar que as crianças andem seguindo o contorno das figuras. Alternar comandos de andar, correr, engatinhar, etc.

Brincadeiras para alunos da educação infantil

Brincadeira *Seguindo a linha*

Brincadeira *Seguindo a linha*

65. DONA JOANA

Objetivos
Desenvolver a coordenação psicomotora e a imitação dos movimentos.

Material
Nenhum.

Desenvolvimento
Todos se colocam em semicírculo. O educador começa a brincadeira dizendo: "Conhecem a Dona Joana? É uma senhora (curiosa, gulosa, nervosa, que gosta de dançar, pular, brincar, etc.)." Enumera uma característica de cada vez e a dramatiza, devendo ser imitado pelas crianças. A brincadeira termina no momento em que se diz: "Dona Joana termina o dia exausta e senta para beber água e descansar."

66. VESTINDO A CAMISA

Objetivos
Desenvolver a coordenação motora e a discriminação visual.

Material
Caixa com as camisas de todas as crianças participantes.

Desenvolvimento
Colocar em uma caixa as camisas de todas as crianças. As crianças devem ficar do outro lado da sala. Ao sinal do educador, elas devem correr até a caixa, encontrar sua camisa e vesti-la rapidamente. Será vencedora a criança que vestir a camisa e chegar primeiro ao ponto de partida.

67. SEU LOBO

Objetivos
Favorecer o conhecimento do próprio corpo, a imitação e a interação.

Material

Nenhum.

Desenvolvimento

Formar uma grande roda com as crianças. No meio do círculo fica uma criança, que será o Lobo. As crianças da roda cantam duas vezes: "Vamos passear no bosque enquanto Seu Lobo não vem." Perguntam: "Está pronto, Seu Lobo?", ao que o Lobo responde: "Não, estou tomando banho." As crianças, então, repetem o refrão, sempre alternando com uma nova pergunta, que o Lobo deve responder acompanhado de gestos: "Estou me enxugando, estou vestindo a calça, estou vestindo a camisa, estou calçando as meias, estou calçando os sapatos, estou colocando os óculos", etc. Ao último "Está pronto, Seu Lobo?", ele responde: "Vou buscar a bengala." É o sinal para que todas as crianças saiam correndo e o Lobo corra atrás. A criança que for pega será o próximo Lobo.

68. CADÊ O GRILO?

Objetivos

Desenvolver a coordenação motora, a agilidade e a interação.

Material

Nenhum.

Desenvolvimento

O educador pede às crianças que formem uma fila e pergunta: "Cadê o Grilo?". O primeiro da fila responde: "Tá lá atrás." O educador corre para pegar o que está atrás na fila, mas este procura não ser pego, colocando-se na frente da fila. A brincadeira recomeça.

69. A CASA DO ZÉ

Objetivos

Trabalhar o esquema corporal, a orientação espacial, a expressão corporal, o ritmo e a memorização.

Material

Nenhum.

Desenvolvimento

O educador solicita que as crianças andem livremente pela sala ou pátio. Depois, recita:

– Para entrar na casa do Zé... Tem que bater o pé!

– Para entrar na casa do Zé... Tem que bater palmas e o pé!

– Para entrar na casa do Zé... Tem que gargalhar, bater palmas e o pé!

As crianças devem obedecer às ordens. Novos movimentos podem ser solicitados, de acordo com a faixa etária das crianças.

70. MARIA-FUMAÇA

Objetivos

Desenvolver a coordenação motora ampla e práticas de respiração.

Material

Nenhum.

Desenvolvimento

As crianças formam uma fila indiana, representando um trem. Andam conforme os comandos do educador e fazem ruídos de trem, começando lentamente (trem saindo da estação) e, progressivamente, indo mais rápido, correndo, fazendo curvas, etc. Ao chegar à estação, alguns passageiros saltam, outros embarcam, e o trem volta a iniciar a marcha, a correr, etc. O educador deve orientar as crianças a inspirarem e expirarem profundamente durante a atividade.

71. TRANSPORTE DE BOLAS

Objetivos

Desenvolver a coordenação visomotora e noções de distância e direção.

Material

Uma toalha de rosto para cada par de crianças e uma bola.

Desenvolvimento

Dividir as crianças em duplas e colocar os pares um ao lado do outro. Solicitar que cada dupla segure a toalha pelas pontas e colocar a bola em cima da toalha. A bola deve ser assada para a dupla seguinte até atingir a última dupla, sem derrubar a bola. Recomeçar a brincadeira.

Brincadeira *Transporte de bolas*

Brincadeira *Transporte de bolas*

72. BONECO DE PANO

Objetivos
Trabalhar o esquema corporal e estimular a interação.

Material
Nenhum.

Desenvolvimento
Formar duplas em que uma criança faz o papel do "boneco de pano" (relaxado e mole), deixando que a outra toque em partes de seu corpo, colocando-as na posição que desejar. Exemplo: juntar as mãos, levantar os braços, juntar ou separar os pés, etc. Alternar as crianças no papel do "boneco de pano".

73. FUGA DOS PÁSSAROS

Objetivos
Desenvolver a praxia global e a orientação espacial.

Material
Nenhum.

Desenvolvimento
Formar um círculo com as crianças. Três participantes ficam no interior do círculo (serão os "pássaros"). As crianças da roda giram e cantam uma música qualquer. Quando terminarem, os "pássaros" procuram fugir, tentando sair do círculo, por debaixo dos braços de seus colegas que, por sua vez, tentam impedir a fuga. A brincadeira recomeça com a escolha de outras crianças que imitarão os pássaros.

74. MACACO SIMÃO

Objetivos
Desenvolver a coordenação motora ampla, a linguagem oral e a percepção auditiva.

Material
Nenhum.

Desenvolvimento
Contar às crianças a história do macaco Simão, um macaquinho que gosta muito de dar ordens. Explicar que somente suas ordens devem ser obedecidas. O educador dá vários comandos, mas as crianças devem executar apenas aqueles que forem precedidos por "Simão disse...". Por exemplo, quando o educador disser: "Simão disse: deem um passo à frente" ou "Simão disse: batam palmas", as crianças devem obedecer. Quando ele disser: "Pule com os dois pés", a ordem não deve ser obedecida. O jogador deve permanecer na posição pedida até que "Simão" mande desfazê-la. Será eliminado aquele que executar uma ordem sem ser precedida por "Simão disse...".

75. BRINCANDO COM BASTÕES

Objetivos
Desenvolver o equilíbrio, a atenção e a praxia ampla.

Material
Cabos de vassoura.

Desenvolvimento
Duas crianças seguram o bastão (cabo de vassoura) pelas extremidades. As outras formam uma fila. A um sinal do educador as crianças passam por baixo do bastão. Variar a altura do bastão e solicitar que os participantes saltem por cima, passem por baixo de cócoras, passem por baixo de mãos dadas com um colega, etc.

Brincadeira *Brincando com bastões*

Brincadeira *Brincando com bastões*

76. A SOPA ESTÁ PRONTA

Objetivos
Desenvolver a coordenação motora ampla, a atenção e percepção auditiva e a linguagem oral.

Material
Um gorro de cozinheiro.

Desenvolvimento
Colocar as crianças em círculo. Uma criança é sorteada para ser o cozinheiro. Recebe o gorro e caminha em volta do grupo escolhendo crianças para representarem vários ingredientes: macarrão, arroz, temperos, água, etc. O "cozinheiro" vai para o centro da roda e começa a chamar os "ingredientes", que devem pular rapidamente para o centro. A criança que não for rápido para a "panela" sai temporariamente da brincadeira. Quando todas as crianças forem chamadas, o "cozinheiro" deve gritar: "A sopa está pronta!". A brincadeira recomeça com a escolha de outra criança para ser o "cozinheiro".

77. CORRIDA DA CENTOPEIA

Objetivos
Desenvolver a coordenação motora ampla e a orientação espaçotemporal.

Material
Giz ou fita adesiva.

Desenvolvimento
Traçar no chão duas linhas, uma de partida e uma de chegada. Os participantes formam duas filas dispostas atrás da linha de partida. As crianças das duas filas unem-se segurando o colega pela cintura. Dado o sinal para começar, as filas se movimentam em direção à linha de chegada. Vence a equipe que chegar primeiro sem ter desfeito a fila, isto é, cujos jogadores permanecerem unidos pela cintura até a chegada.

78. BOLA NA PAREDE

Objetivos
Desenvolver as habilidades motoras e a percepção auditiva.

Material
Uma bola.

Desenvolvimento
Cada participante deve lançar uma bola contra a parede sem deixá-la cair no chão. A cada lançamento, o educador deve determinar uma forma de jogar, dizendo assim:

– Primeiro! (joga a bola e a segura de volta);

– Seu lugar! (joga a bola e a segura sem sair do lugar);

– Sem rir! (joga a bola e a segura sem rir);

– Sem falar! (joga a bola e a segura com a boca fechada);

– Uma mão! (joga a bola e a segura com a mão direita);

– A outra! (joga a bola e a segura com a mão esquerda);

– Uma palma! (joga a bola, bate uma palma e a segura);

– Duas palmas! (joga a bola, bate duas palmas e a segura);

– Pirueta! (joga a bola, enrola os braços e a segura);

– Trás para diante! (bate uma palma atrás e outra na frente antes de segurar a bola);

– Quietas! (bate nas coxas com as palmas das mãos, antes de segurar a bola).

Ganha quem fizer primeiro a sequência até o fim.

79. ENROSCA E DESENROSCA

Objetivos
Desenvolver a praxia ampla e as noções de espaço, estimular a autonomia.

Material
Cordas flexíveis, uma para cada criança.

Desenvolvimento
O educador amarra uma ponta da corda de cada criança em sua cintura e as outras pontas às cinturas das crianças. Para começar, todas as crianças "se enroscam" em sua própria corda e, enquanto se aproximam do educador, vão gritando: "Mais perto!". Depois de permanecerem juntas por um momento, o educador grita: "Mais longe!", iniciando o "desenroscar", até atingir a distância máxima de cada criança.

80. DIRIGINDO

Objetivos
Desenvolver o controle psicomotor e o conhecimento do espaço. Favorecer a leitura de sinais.

Material
Giz ou fita adesiva colorida.

Desenvolvimento
Assinala-se no piso o percurso dos "veículos" e algumas setas indicando a direção a ser seguida. A um sinal do educador, as crianças começam a "dirigir" pelas ruas, seguindo as setas. Quando errar a direção ou esbarrar no colega, a criança leva uma "multa" (paga uma "prenda" ou sai temporariamente da brincadeira).

81. ARCO SUSPENSO

Objetivos
Desenvolver a coordenação óculo-manual.

Material
Bambolê, bolas de diversos tamanhos, tampinhas e caixinhas.

Desenvolvimento
Colocar um bambolê preso à parede ou outro suporte. Solicitar que as crianças lancem bolas, tampinhas, caixinhas e outros objetos dentro do arco. Variar a altura do bambolê e continuar a brincadeira.

Brincadeira *Arco suspenso*

Brincadeira *Arco suspenso*

82. RABO DO MACACO

Objetivos

Desenvolver a praxia ampla e a coordenação óculo-manual.

Material

Tiras de tecido ou TNT em número igual ao número de crianças, menos um; e fita adesiva.

Desenvolvimento

Cada criança deve ter seu "rabo do macaco", preso às costas com fita adesiva. A um sinal do educador, a criança que está sem "rabo" deve correr e pegar um "rabo" do colega. Quem perder o "rabo" passa a ser o "pegador".

83. PISA PILÃO

Objetivos

Desenvolver a coordenação motora, o equilíbrio e a atenção.

Material

Cabos de vassoura em número igual à quantidade de crianças.

Desenvolvimento

O educador deve entregar um cabo de vassoura a cada criança. Em seguida, solicitar que elas caminhem com o cabo na palma da mão, em posição horizontal. A um sinal do educador ("Pisa, pilão!"), todas as crianças devem colocar o cabo na vertical e bater com ele duas vezes no chão. A brincadeira continua enquanto durar o interesse das crianças.

84. PEGA-PEGA DIFERENTE

Objetivos

Desenvolver a praxia ampla, o equilíbrio, a percepção e a socialização.

Material

Fitas de cores diferentes.

Desenvolvimento

Participantes divididos em dois grupos e identificados com lenços ou fitas de cores diferentes. Após o sinal do educador, os participantes devem correr e tentar pegar uns ao outros. Vence o grupo que tiver mais participantes que não foram pegos.

85. AMARELINHA

Objetivos

Vivenciar diferentes formas de equilíbrio e desenvolver atenção e agilidade.

Material

Giz e pedrinhas.

Desenvolvimento

Riscar com um giz no chão um caminho dividido em casas numeradas. Após jogar uma pedrinha em uma casa – em que não poderá pisar –, a criança vai pulando com um pé só até o fim do trajeto. Ao chegar, deve retornar, apanhar a pedrinha e recomeçar, dessa vez, atirando a pedra na segunda casa e depois nas seguintes até passar por todas. O participante que errar o alvo ou perder o equilíbrio passa a vez para outro.

86. ELÁSTICO

Objetivos
Desenvolver os movimentos e a agilidade.

Material
Um elástico de quatro metros com as pontas unidas.

Desenvolvimento
Duas crianças são escaladas para segurar o elástico. Elas ficam a aproximadamente dois metros de distância uma da outra, com o elástico na altura do tornozelo e com as pernas afastadas. A criança que fica no centro do elástico tem de fazer todos os movimentos combinados com os colegas antes de iniciar a brincadeira. Pode ser pular com os dois pés em cima do elástico, com os dois pés fora dele, saltar com um pé só e depois com o outro, etc. Se conseguir, ela passa para a próxima fase: executar a mesma sequência de movimentos com o elástico colocado em uma altura maior. Do tornozelo passa para a canela, depois para o joelho até chegar à coxa. Se a criança errar, troca de posição com um dos colegas que estão segurando o elástico. Ganha quem chegar mais alto sem errar.

87. ESCRAVOS DE JÓ DIFERENTE

Objetivos
Desenvolver a coordenação motora fina, o ritmo e a cooperação.

Material
Caixinhas, caixas de fósforo, bloquinhos de madeira, copinhos ou qualquer outro material que sirva para trocar e jogar.

Desenvolvimento

Participantes em círculo, sentados no chão. O educador deve distribuir os objetos a serem passados. O objetivo é cantar a música e passar os objetos sem errar. A brincadeira deve acontecer em três etapas seguidas: a primeira, cantando a letra; a segunda, cantando "lá-lá-lá", e a terceira, em silêncio. Cada vez que o grupo errar, irá se dividir em dois. Isso ocorre sucessivamente até que reste apenas uma dupla jogando.

88. LARANJA NO PÉ

Objetivos

Desenvolver as habilidades motoras, a atenção e o espírito de cooperação.

Material

Duas laranjas.

Desenvolvimento

Participantes divididos em dois grupos. Os grupos devem ficar em duas fileiras, uma de frente para a outra, sentados em cadeiras, com os pés tocando o chão. Uma laranja é colocada sobre os pés (que estão unidos) da primeira pessoa de cada fila, que procurará passar a laranja, sem a deixar cair, para os pés da segunda pessoa e assim por diante. Se a laranja cair, a brincadeira prosseguirá, do ponto em que caiu, utilizando o tempo que for preciso. Será vencedor o grupo que terminar primeiro.

89. OLÁ, MEU BICHINHO

Objetivos

Desenvolver o equilíbrio, a percepção auditiva e a afetividade.

Material

Uma venda, aparelho de som e CD.

Desenvolvimento

Participantes de mãos dadas formam uma roda. Uma criança será vendada e ficará no centro da roda. Quando a música começar, todos dançarão. Quando a música parar, a criança que está no centro do círculo apontará para um dos participantes, indo até ele. Chegando próximo, dirá: "Olá, Meu Bichinho!". A criança escolhida deverá então imitar o som de um animal (latir, miar, coaxar, etc.). A criança vendada deverá adivinhar quem é a criança que está imitando o bichinho, dizendo seu nome. Serão dadas três chances. Caso a criança não acerte, continuará no centro do círculo, outra música será colocada e a brincadeira prosseguirá. Caso acerte, a criança que foi o "bichinho" será vendada e irá para o centro do círculo. A brincadeira prossegue enquanto houver interesse das crianças.

90. CORRIDA AO CONTRÁRIO

Objetivos
Desenvolver o equilíbrio e a agilidade.

Material
Giz.

Desenvolvimento
Traçam-se com um giz duas linhas a uma distância de dez metros (sendo uma o ponto de chegada e a outra o de partida). Ao sinal dado, todos os participantes estarão de costas e iniciarão uma corrida. O participante que chegar primeiro deverá voltar correndo de frente até o ponto de partida. Quem chegar primeiro será o vencedor.

91. VOA, NÃO VOA

Objetivos
Desenvolver o controle de movimentos e a percepção auditiva.

Material
Nenhum.

Desenvolvimento
As crianças ficarão em pé, formando um círculo. O educador falará o nome de uma ave, e as crianças deverão mover os braços e as mãos

como se estivessem voando. Quando o educador falar o nome de algo que não voa, as crianças deverão ficar com os braços e mãos imobilizados. Quem errar sai da brincadeira ou paga uma prenda. Ex.: "Borboleta voa?" Todos imitarão o voo.) ou "Jacaré voa?" (Todos deverão ficar imóveis). Quem errar, sai provisoriamente da brincadeira.

92. O PULO DO SAPO

Objetivos
Experimentar posturas corporais diferentes, favorecer o equilíbrio e a agilidade.

Material
Giz.

Desenvolvimento
Traçar com um giz as linhas de partida e de chegada. Ao sinal do educador, participantes, em posição de sapo (de cócoras), devem sair pulando até a linha de chegada. Vence aquele que chegar primeiro.

93. IMITANDO TARTARUGA

Objetivos
Desenvolver a coordenação motora ampla, a atenção e a agilidade.

Material
Nenhum.

Desenvolvimento
Dois participantes serão os pegadores. Ao sinal do educador, todos correm para fugir dos pegadores. Para evitar ser apanhado, o participante deve deitar de costas para o chão, com braços e pernas para cima imitando uma tartaruga. Nessa posição, não poderá ser apanhado. Termina a brincadeira quando todas as crianças forem pegas.

94. OLHA O CAÇADOR!

Objetivos
Desenvolver as habilidades motoras, a atenção e a percepção auditiva.

Material
Giz.

Desenvolvimento
As crianças serão separadas em grupos de diferentes animais: cachorros, coelhos, sapos... Desenhar com giz dois círculos em cantos opostos. Uma das crianças será o caçador, ficando entre os dois círculos; o restante dos animais, em outro círculo. O caçador chamará o nome de um dos animais e todos os que representam esse animal deverão correr pelo lado oposto. O caçador os perseguirá e, se conseguir pegar alguém antes que chegue ao círculo, este trocará de lugar com o caçador.

95. ESTOURA BALÕES

Objetivos
Desenvolver o equilíbrio, a percepção sensorial e a agilidade.

Material
Cadeiras em número igual ao de participantes menos um, aparelho de som, CD, balões e vendas.

Desenvolvimento
As cadeiras serão espalhadas pelo local da brincadeira. Em cima de cada uma delas, haverá uma bexiga. Os participantes estarão vendados e uma música animada deverá ser iniciada. Quando a música parar, os participantes deverão procurar uma cadeira, sentar e estourar a bexiga. Quem sobrar será eliminado. O jogo prossegue até surgir o campeão.

96. O MESTRE MANDOU

Objetivos
Desenvolver a coordenação motora, a percepção auditiva e a linguagem oral.

Material

Nenhum.

Desenvolvimento

Um participante será o Mestre, que deverá ser obedecido por todos. O Mestre dará várias ordens: "Dancem, fiquem parados, caminhem devagar, pulem como sapos, sorriam, imitem cobras...". Quem errar sairá da brincadeira. Depois de algum tempo, um novo Mestre deverá ser escolhido para recomeçar a brincadeira.

97. CORRIDA DO BARBANTE

Objetivos

Desenvolver a agilidade de movimentos, a atenção e o espírito de equipe.

Material

Um rolo grande de barbante.

Desenvolvimento

Todos sentados em suas cadeiras arrumadas em duas filas, com o mesmo número de participantes. O primeiro de cada fileira recebe um rolo de barbante. Ao sinal do educador, ele se levanta, enrola o cordão duas vezes em volta da cintura, entrega o rolo ao colega de trás e se senta. O segundo pega o carretel, se levanta e faz o mesmo. Assim que o último termina de se enrolar, inicia o movimento contrário: desenrola o cordão da cintura, enrola a linha no rolo e passa para o colega da frente. A brincadeira segue até que todos estejam desenrolados. Vence a equipe que colocar primeiro o rolo arrumado sobre a sua mesa.

98. CABRA-CEGA

Objetivos

Desenvolver a coordenação motora, a atenção e o sentido de orientação espacial, percepção e discriminação tátil e auditiva.

Material

Uma venda.

Desenvolvimento

Uma criança será vendada e rodada várias vezes (será a "cabra-cega"). Os outros participantes devem sair correndo. A "cabra-cega" deve agarrar alguém e adivinhar quem é. Se acertar, a criança escolhida será a próxima "cabra-cega". Se errar, a brincadeira continua.

99. BOLICHE MALUCO

Objetivos

Desenvolver a coordenação motora fina, a percepção tátil e visual.

Material

Garrafas PET de diferentes formas e tamanhos, uma bola de tênis.

Desenvolvimento

Dispor as garrafas a uma distância que as crianças possam alcançar com um arremesso. Solicitar que todos os participantes, um por vez, arremessem a bola e acertem os alvos, que podem ser numerados para contagem, de acordo com a faixa etária das crianças. A brincadeira continua enquanto houver interesse do grupo.

100. ELEFANTE COLORIDO

Objetivos

Desenvolver a concentração, a atenção, a coordenação motora, a discriminação visual e a auditiva.

Material

Nenhum.

Desenvolvimento

Um participante é o mestre da brincadeira. Ele grita: "Elefante colorido!". E os outros perguntam: "De que cor?". O mestre escolhe uma cor e todas as crianças devem tocar algum objeto na tonalidade pedida. Se não acharem, têm de pagar uma prenda. Pode ser dançar, cantar, contar uma piada, correr... A brincadeira recomeça e, depois de algum tempo, um novo mestre é escolhido.

REFERÊNCIAS

ABERASTURY, Arminda. *A criança e seus jogos*. Porto Alegre: Artmed, 1992.

BRASIL. *Referencial Curricular Nacional para a Educação Infantil*. Brasília: MEC/SEF, 1998.

CUNHA, Nylse Helena da Silva. *Brinquedo, desafio e descoberta*: subsídios para utilização e confecção de brinquedos. Rio de Janeiro: FAE, 1988.

FILGUEIRAS, Isabel Porto. A criança e o movimento: questões para pensar a prática pedagógica na Educação Infantil e no Ensino Fundamental. *Revista Avisa Lá*, n. 11, jul. 2002.

FORTUNA, Tânia Ramos. Formando professores na universidade para brincar. In: SANTOS, Santa Marli P. dos (Org.). *A ludicidade como ciência*. Petrópolis: Vozes, 2001. p. 116.

FRITZEN, José Silvino. *Dinâmicas de recreação*. Petrópolis: Vozes, 1998.

LIMA FILHO, Antônio Gonçalves. *Atividades lúdicas no contexto da Educação Especial*. Fortaleza: [s.n.], 2005.

MALUF, Ângela Cristina Munhoz. *Brincar*: prazer e aprendizado. Rio de Janeiro: Vozes, 2003.

PIAGET, J. *A equilibração das estruturas cognitivas*: problema central de desenvolvimento. Rio de Janeiro: Vozes, 1997.

KAMII, Constance; DEVRIES, Retha. *Piaget para a educação pré-escolar*. Porto Alegre: Artes Médicas, 1991.

VYGOTSKY, L. S. *Pensamento e linguagem*. Tradução de M. Resende. Lisboa: Antídoto, 1979.

VYGOTSKY, L. S. *A formação social da mente*. Tradução de José Cipolla Neto *et al*. São Paulo: Livraria Martins Fontes, 1984.

WALLON, H. *Psicologia e educação da criança*. Lisboa: Vega, 1979.

Sites consultados

<www.folha.uol.com.br/folha/treinamento/mapadobrincar>

<www.revistaescola.abril.com.br/educacao-infantil>

Este livro foi composto com tipografia Minion Pro e impresso
em papel Offset 90 g/m^2 na Formato Artes Gráficas.